PANÉGYRIQUE

DE

SAINTE THÉRÈSE

DE JÉSUS

Par l'abbé C. ARMINJON

Chanoine honoraire de Chambéry et d'Aoste,
Missionnaire apostolique, ancien Professeur d'Histoire, d'Éloquence sacrée
et d'Écriture sainte au Grand-Séminaire de Chambéry

*Multæ filiæ congregaverunt divitias
tu supergressa es universas.*

Beaucoup de filles ont amassé des
richesses, tu les as toutes surpassées.
(Prov., XXXI, 29.)

MARSEILLE

IMPRIMERIE & LIBRAIRIE S.-THOMAS D'AQUIN

J. MINGARDON, DIRECTEUR

11, PLACE SÉBASTOPOL, 11

MDCCCLXXXIV

PANÉGYRIQUE

DE

SAINTE THÉRÈSE

DE JÉSUS

PANÉGYRIQUE

DE

SAINTE THÉRÈSE

DE JÉSUS

PRÊCHÉ le 15 Octobre 1883

AU MONASTÈRE DES CARMÉLITES DE CHAMBÉRY

Par l'abbé C. ARMINJON

Chanoine honoraire de Chambéry et d'Aoste,

Missionnaire apostolique, ancien Professeur d'Histoire, d'Éloquence sacrée

et d'Écriture sainte au Grand Séminaire de Chambéry

Multæ filiæ congregaverunt divitias,
tu supergressa es universas.

Beaucoup de filles ont amassé des
richesses, tu les as toutes surpassées.

(Prov., XXXI, 29.)

MARSEILLE

IMPRIMERIE & LIBRAIRIE S. THOMAS D'AQUIN

J. MINGARDON, DIRECTEUR

11, PLACE SÉBASTOPOL, 11

MDCCCLXXXIV

dessus de tout ce que peuvent donner les calculs de la science aidée de l'expérience et de tous les efforts humains.

Aussi, Thérèse comme nous le verrons dans ce discours, a-t-elle plus contribué à la prospérité et au progrès de la civilisation en Espagne que tous les rois et les autres saints de cette noble nation. Elle fut, a dit un écrivain libre-penseur, le véritable adversaire de la réforme. Pour la combattre elle restaura l'ordre fameux du Carmel et l'arma du triple glaive de la *prière*, des *larmes* et de *l'amour*..... Pareils gémissements aux siens ne s'étaient point fait entendre sur notre terre depuis le grand deuil du Golgotha.

Thérèse de Jésus fut, par ses écrits, un des flambeaux de l'Eglise. Elle sut unir la vie contemplative de Marie à la vie active de Marthe : ce fut le secret de sa force et de sa fécondité. Plante mystique, elle puisait dans le cœur de Jésus, où elle plongeait des racines profondes, cette sève, cette vie intérieure qui se trahissait au dehors par des fleurs et des fruits d'une étonnante beauté. Nous chercherons à pénétrer dans cette vie intérieure. A cet effet nous considérerons : 1° la Vierge Séraphique dans ses premières années, nous assisterons aux luttes et aux joies de sa vie monastique, 2° nous la suivrons à travers les péripéties de sa vie de gouvernement, au milieu de ses grands travaux d'apostolat et de réformation.

I. — Quand Dieu suscite des Saints, il leur prépare avec soin une patrie et un berceau, il les fait naître de parents de choix, il les place dans un milieu propice et favorable à ses fins. Il n'est pas jusqu'aux conditions du climat sous lequel ils vivent, jusqu'aux arbres et aux toits qui les abritent, jusqu'à la sérénité du ciel qui les éclaire qui ne soient providentiellement disposés pour le parfait développement des germes précieux dont leur cœur est orné.

Ste Thérèse naquit en Espagne le 28 mai 1515 sous le ciel brûlant de la Castille, terre classique de héros, où chaque site abrupte, chaque anfracture de rocher semble redire un chant de guerre et une glorieuse épopée.

Sa ville natale fut Avila, cité pittoresque assise en amphithéâtre sur les bords du Duéro, entre deux escarpements de montagne, aux murailles redoutables par leurs forteresses et leurs bastions, ville déclarée imprenable, et, au temps des Maures, restée vierge de toute invasion. « A Avila, disait un proverbe espagnol, tout est pierre et tout est saint. » Avila, en effet, fut la patrie du fameux et vénérable Jean d'Avila, du bienheureux Jean Bertrand, et, au temps de notre Sainte, cette ville donnait l'hospitalité à S. Jean de la Croix, à S. Pierre d'Alcantara et à S. François de Borgia.

Le père de Thérèse s'appelait Alphonse Sanchez de Cépéda. C'était un homme de haute taille ; sa noble physionomie, rehaussée d'un grand air de distinction, commandait le respect. Il savait allier les devoirs de société aux austères habitudes d'un anachorète. Sévère dans l'éducation qu'il donnait lui-même à ses enfants, il s'en faisait pourtant aimer comme le meilleur des pères. Devenu veuf, il assura le sort de ses douze enfants et se mit sous la conduite spirituelle de sa fille Thérèse. Celle-ci le conduisit par degrès jusqu'aux voies les plus sublimes de la vie d'oraison. La mère de Thérèse, Dona Béatrix d'Ahumada, était une femme accomplie. Rachel en beauté, Lia en fécondité, ornée de toutes les grâces du Ciel et de tous les dons de la nature, elle fut enlevée prématurément à l'amour de ses enfants, lorsque Thérèse n'avait encore que treize ans, et avant que cette jeune fleur, qu'elle avait cultivée avec un soin jaloux, eût eu le temps de s'épanouir dans son éclat et dans la suavité de ses parfums.

En général, dans leurs jeux naïfs et dans les rêves dorés de leur première jeunesse, les enfants laissent percer au regard des personnes attentives un indice de leur vocation future ; ils ont eux-mêmes comme une intuition vague et mystérieuse des destinées auxquelles le Ciel les convie. — Parmi ses frères, il en était un appelé Rodrigue que Thérèse chérissait plus spéciale-ment et avec qui elle se sentait en union et en correspondance plus intime. L'Amérique découverte par Christophe Colomb venait de s'ouvrir au génie aventureux des grands et de la jeunesse d'Espagne. L'imagination et le cœur des deux enfants s'exaltaient au récit des exploits de ces preux, et surtout au spectacle de ces armées de missionnaires qui, s'attachant aux pas des conqué-rants, bravaient toutes les fatigues pour planter la croix sur ces plages jusque-là inconnues. — Thérèse n'avait que sept ans et déjà elle voulait exercer son zèle au moins dans le pays des Maures : « O Rodrigue, disait-elle, si nous allions au pays des Maures, quel bonheur !... nous serions martyrs, et les martyrs voient sans cesse la face de Dieu. » Il n'en fallut pas davantage pour enflammer Rodrigue. — Un beau matin les deux enfants s'échappent furtivement de la maison paternelle. Comme Agar, ils se lancent en terre inconnue, munis simplement d'une cruche d'eau et d'un morceau de pain. Ils se figuraient, dans leur candeur naïve, que ces minces provisions leur suffiraient pour arriver sans encombre au pays des Infidèles. Mais à quelque distance de la ville, nos deux fugitifs rencontrent un de leurs oncles qui, goûtant médiocrement les raisons à l'aide des-quelles ils cherchaient à excuser leur téméraire entreprise, les ramène à leur mère anxieuse. Celle-ci les gourmanda verte-

PANÉGYRIQUE

DE

SAINTE THÉRÈSE DE JÉSUS

PAR M. L'ABBÉ ARMINJON

Chanoine de Chambéry

MONSEIGNEUR, [1]

Thérèse de Jésus fut une des femmes les plus extraordinaires, les plus éclairées des divines lumières, — un des types les plus ravissants et les plus séraphiques qui aient apparu depuis l'origine des siècles chrétiens.

La Providence, qui proportionne à la grandeur des maux l'étendue et l'efficacité des remèdes, la fit naître à une époque de contagion et d'écroulement universel, où sous le souffle violent et impétueux de la tempête amassée par Luther la foi s'ébranlait en Europe, où les grandes institutions catholiques, fruit du génie et de la Sainteté de quatorze siècles de Christianisme, étaient emportées, pièces par pièces, dans l'affreux tourbillon, où, enfin, les vapeurs pestilentes de Thérèse, après avoir exercé leurs séductions sur une partie de la France, menaçaient, dans leur marche rapide, d'envahir l'Espagne, cette grande patrie des Alphonse et des Ferdinand.

Le Clergé et les Ordres monastiques n'étaient pas à la hauteur de la résistance. Sans s'être laissé gagner par le poison de l'hérésie, ils en subissaient les émanations et les influences ; — ils s'engourdissaient dans le relâchement ; on pouvait dire que le sel de la terre s'était affadi et que les lampes du sanctuaire ne jetaient plus qu'une pâle et incertaine clarté.

L'Eglise catholique, toujours vierge et toujours immaculée, venait d'inaugurer la vraie et légitime réforme par son Concile œcuménique réuni dans la ville de Trente. Aux ténèbres et aux falsifications de l'esprit de mensonge, elle opposait les clartés de ses définitions et les affirmations de la vraie doctrine. D'autre part le ciel faisait germer sous tous les climats et dans toutes les conditions une abondante

1. Monseigneur Gros, ancien Evêque de Tarentaise.

UNE.

floraison de saints, afin d'aider sa chaste Epouse dans son œuvre
de sanctification, et de donner une sanction pratique à ses lois
disciplinaires et à ses décrets. — Philippe de Néry renouvelait en
Italie l'esprit et la sève sacerdotale. — Charles Borromée faisait
refleurir dans le Clergé la régularité et les bonnes mœurs. —
Ignace de Loyola fondait un ordre enseignant. — François-
Xavier, par ses nombreuses et lointaines missions, imprimait
un nouvel élan à l'action apostolique. — Thérèse de Jésus eut
pour vocation d'apprendre à un monde charnel les hauts secrets
de la Théologie mystique, de révéler à un siècle corrompu et
attiédi les joies oubliées et les saints ravissements de la vie
intérieure et cachée en Dieu.

Thérèse de Jésus fut à la fois contemplative, réformatrice,
théologienne; et, quand l'artiste plaçait aux pieds de cette belle
statue de notre Sainte le bonnet du Docteur, il signifiait le rang
que le grand Bossuet était tenté de lui attribuer dans l'Eglise [1]. —
Et cependant, à considérer ses aptitudes, ses attraits, la direction qui lui fut imprimée, les phases et les épreuves des premières années de sa vie monastique, elle semblait destinée à
vivre absorbée en Dieu, à rester à jamais éloignée du tumulte
des affaires et de la conversation des hommes. Extatique mer-
veilleuse, elle avait des éclaircies dans le monde de l'Infini.
Chaque jour, d'une aile plus hardie que celle de l'aigle, elle s'élan-
çait jusque dans le lumineux séjour des Chrérubins. Souvent
elle avait des entretiens intimes avec Jésus-Christ. Elle voyait
les choses divines des yeux de l'âme avec plus de clarté qu'elle
ne voyait les choses matérielles des yeux de son corps. Tantôt
elle était broyée par des tortures ineffables et ressentait toutes
les agonies du Purgatoire; — tantôt, le visage radieux, elle
semblait porter sur elle un reflet de cette flamme céleste dont
brûlent au sein de l'Éternité les Esprits bienheureux. — Puis,
quand de ces hauteurs sublimes, elle redescendait sur la terre,
elle redevenait la femme pratique, la femme agissante, et,
remplie de ce feu sacré qu'elle venait de puiser dans son
commerce avec Dieu, elle mettait la main au timon du gouvernement et conduisait les affaires les plus épineuses avec une
liberté d'esprit aussi grande que si elle n'avait été sujette à
aucune diversion. Tant il est vrai que la vie surnaturelle ne
paralyse pas les élans et les aspirations de notre nature, mais
qu'au contraire, dans son union avec Dieu, celle-ci devient plus
apte à agir. Tant il est vrai que l'esprit et la volonté dégagés des
entraves des passions, illuminés par l'oraison, acquièrent pour
la vie active une force, une liberté, une pénétration bien au

---

1. La belle statue de Sainte Thérèse que possède le Carmel de Chambéry et qui pro-
vient de la munificence des Chartreux a à ses pieds, *un bonnet de Docteur*.

niques de peaux de brebis hérissées de pointes aigües y avaient
fait place à des tissus plus doux et à des cilices moins incom-
modes. Les religieuses avaient la faculté de sortir à certains
jours, et les relations avec les parents et les personnes de qualité
étaient autorisées. Le couvent de l'Incarnation, pour la pieuse
ville d'Avila, était devenu un centre de réunion, et un lieu d'agréables rendez-vous. Il y avait des *matinées* dans les parloirs, comme
aujourd'hui il y a *des soirées* dans les salons. Et comme Thérèse
unissait aux charmes de l'esprit un talent de conversation sans
rival, elle était, de toutes les sœurs, celle autour de laquelle on
s'empressait le plus. On aimait à retrouver, spirituelle et attrayante
dans le cloître, cette jeune fille que tout Avila avait aimée et ad-
mirée aux jours de son adolescence. Il était dans les desseins de
Dieu que la grande Réformatrice expérimentât, par elle-même, les
périls de ces trop grandes libertés qui semblent étranges à notre
siècle corrompu, mais qui, dans la catholique Espagne d'alors, ne
donnaient lieu à aucun scandale ni à aucun soupçon.

Thérèse se prêtait bonnement à ces usages avec les intentions
les plus droites : elle se serait estimée grossière et peu courtoise
si elle avait repoussé les avances des gentilshommes et des
dames de qualité qui recherchaient son entretien ; elle aurait cru
manquer aux plus saints devoirs de la Charité si elle avait refusé
une consolation à une affligée ou une distraction à celles qui suc-
combaient à la tristesse ou à l'ennui. — Thérèse sentait bien que
son cœur n'était pas en paix ; elle avait cessé de faire oraison, et,
son âme n'avait plus d'élan, plus d'essor pour s'unir à son divin
Epoux. Les vaines amitiés où elle s'était laissé engager, étaient
comme un filet habilement tissu par le tentateur qu'elle n'avait
ni le moyen, ni le courage de rompre : « Hélas ! s'écriait-elle,
» combien était grand mon aveuglement, et dans quel mauvais
» chemin je m'étais jetée. Infidèle à Notre-Seigneur qui m'appa-
» raissait souvent avec un visage triste et sévère pour me mar-
» quer combien je l'affligeais, je méritais d'être mise en société
» avec les démons. Ce qu'il y avait de pire, c'est que ma conduite
» extérieure avait de bonnes apparences : je ne disais jamais de
» mal de personne. Au parloir mes entretiens avaient pour objet
» les choses de Dieu ; je m'employais de mon mieux à venir en
» aide à mes sœurs, surtout aux souffrantes et aux affligées. Pour
» cette raison, ma communauté se tenait parfaitement tranquille
» à mon endroit et m'accordait encore plus de liberté qu'aux an-
» ciennes. »

A entendre notre Sainte dans les exagérations de son humilité,
les hommes se trompaient dans les jugements favorables
qu'ils formaient sur son compte. Elle appelait, plus tard,
cette époque où elle se prodiguait trop aux choses du dehors, le

temps de « sa grande dissipation, les jours de sa vie où elle habitait en quelque sorte le vestibule de l'Enfer ». Toutefois, il est certain qu'elle ne fut jamais l'esclave du démon, et les auditeurs de rote, réunis par Boniface VIII à l'effet de déterminer le degré de culpabilité que Thérèse avait atteint par ce qu'elle appelait *ses grands péchés*, déclarèrent solennellement, après mûr examen, que son innocence baptismale n'avait pas été flétrie et que jamais elle n'avait péché mortellement.

Cependant, sans vouloir excuser ce que Jésus-Christ n'a pas excusé, disons toutefois que Ste Thérèse répandue dans le monde, embellissant la vertu chrétienne de toutes les grâces et de tous les charmes de sa personne, captivant les âmes pour les gagner à Dieu, pourrait encore en remontrer, non seulement à une multitude de personnes du monde qui ne recherchent pas autre chose qu'elles-mêmes dans leurs pratiques extérieures et dans leurs dévotions, mais aussi à d'autres âmes engagées par vocation et par vœu à une vie de renoncement et de retraite, et dont la conscience se rassurerait aisément, si elles n'avaient à déplorer d'autres écarts que ceux auxquels s'abandonna notre Sainte.

Mais Dieu découvre des taches dans ses anges. Aux éclats pénétrants de sa lumière, les âmes les plus pures apparaissent encore souillées de boue et ternies d'une rouille grossière.

Quand il s'agit d'une âme qu'il destine à coopérer aux grands desseins de sa miséricorde, il ne saurait se contenter d'une mesure de vertus commune, ni du terre à terre d'une perfection vulgaire. C'est pourquoi Thérèse, entendant Jésus-Christ lui dire qu'elle n'est pas dans le droit chemin se sent livrée à des troubles et à des angoisses inénarrables. Il lui est dur, comme à S. Paul, de résister à l'aiguillon qui la presse. La miséricorde du Fils de Dieu patientait, attendait, frappait : *Ego sto ad ostium et pulso*, Apoc. III, 20. Elle semait d'épreuves et d'épines, cette vie d'indépendance où Ste Thérèse s'obstinait à rester engagée... Ste Thérèse hésitait à céder; elle avait horreur de cette mort de la nature, préparation nécessaire à la vie de la grâce, de cet esclavage divin préférable aux plus grandes royautés de la terre.

Disons encore que les confesseurs auxquels elle avait dû jusque-là s'adresser, étaient des hommes habitués à conduire des âmes vulgaires, peu versés dans les secrets des voies intérieures et n'ayant qu'une faible teinture de la théologie mystique ; — ils n'avaient aucun soupçon des illuminations de l'esprit divin, de ses impulsions intimes et des merveilleux ressorts qu'il mettait en jeu pour vaincre et attirer à lui cette âme séraphique.

Ce qu'il faut à Thérèse c'est un nouvel Ananie qui fasse tomber les écailles de ses yeux. Elle en eut trois : le P. Banner de l'ordre

ment, mais il est à croire que ce fut une pure formalité ; car, son cœur de mère dut contenir des larmes de bonheur et déborder d'une douce émotion quand sa petite Thérèse, justifiant son équipée, vint lui dire : « Je suis partie pour voir le Seigneur, mais pour le voir, il faut mourir d'abord. »

Thérèse se consola de ce mécompte en se construisant un ermitage dans le jardin de ses parents. Parfois, elle simulait sa prise de voile, elle organisait de petites processions avec les compagnes de son âge et s'étudiait à imiter les religieuses. — Le soir elle se tournait vers le Crucifix suspendu à son lit et disait avec la Samaritaine : « Seigneur donnez-moi à boire de l'eau vive. »

Ainsi s'écoula l'enfance de Thérèse. Dans cette intelligence à peine entr'ouverte à la lumière céleste, éclate déjà la grande âme de la Sainte. Sa foi vive, son ardent amour pour Dieu et l'énergie de volonté qu'elle déploiera plus tard, sont esquissés en raccourci dans ses jeux et ses délassements enfantins.

La mort de Dona Béatrix marqua pour sa fille une époque de transition et de crise. Soumise à une surveillance moins étroite, privée de ces tendresses qui captivaient toutes les siennes , son cœur aimant s'attache à des compagnes légères et dissipées. Elle prend goût aux vains propos du monde et à ses amusements frivoles. Sa vive imagination s'engoue des livres de chevalerie et elle passe des nuits entières à ces sortes de lecture. — A treize ans, Thérèse faisait déjà l'admiration de toute la ville d'Avila : ce grand air qu'elle tenait de son père Alphonse, cette amabilité exquise qui rappelait l'image de sa mère lui conquérait de prime abord toutes les sympathies. Mais, ô Dieu ! quels périls dans de tels succès !... « Hélas ! disait-elle, je prenais déjà soin de mes parures, j'avais recours aux parfums, et j'usais de mille industries pour être agréable et pour plaire. Il me semble toutefois, ajoute-t-elle, que, dans cette première période de ma vie, je ne commis jamais aucun péché mortel ; ce qui me sauva ce fut la crainte de Dieu ;... au fond, je ne songeais qu'à couler des heures agréables. »

Don Alphonse, père de la Sainte, veillait ; il observait les changements opérés dans sa fille. Avec sa clairvoyance de chrétien et de père, il ne tarda pas à comprendre que de tels entraînements menaçaient de la conduire à sa perte. Il la fit entrer pensionnaire au couvent des Ursulines d'Avila. Les premiers jours de cette vie de solitude, succédant à l'agitation fébrile des plaisirs mondains, furent pénibles pour Thérèse ; mais les saintes amitiés qu'elle y rencontra, les exemples de ferveur donnés par les bonnes religieuses ne tardèrent pas à ramener le calme dans son âme et à raviver en elle l'étincelle sacrée qu'elle avait laissé s'attiédir.

A dix-huit ans, Thérèse se décide à entrer au Carmel d'Avila. Sa vocation ne fut pas un caprice ni l'effet d'une exaltation passagère : elle fut une œuvre de raison. Thérèse ne se sentait nullement dégoutée du monde, et son esprit indépendant avait une répugnance presque invincible pour tout lien et pour tout assujettissement. A la pensée de la douleur qu'allait ressentir son père, elle fut « saisie d'épouvante et sentit son cœur se briser... » Mais un beau matin, elle regarde la croix du Sauveur, et recueillant toutes ses forces et tout son courage, elle va se jeter aux pieds de son père en s'écriant : « Adieu, je veux mourir à vous, mourir à tout,... je ne suis plus qu'à Dieu. »

Pour l'intelligence de la nouvelle vie de notre Sainte, il nous est indispensable de retracer à grands traits les conditions de la vie monastique en Espagne, et surtout l'état et la physionomie du monastère du Carmel d'Avila à l'époque où Thérèse y fit son entrée.

L'ordre des Carmes, qui reconnaît le prophète Elie pour son fondateur, est le plus ancien des ordres monastiques. Il existait longtemps avant J.-C. Voué au silence et à la contemplation, il habitait les déserts et les hauts sommets de la Palestine, où, étranger au commerce des hommes, il jouissait d'un ciel toujours pur, et planait comme l'aigle au dessus du bruit des hommes et des sombres orages amassés par les erreurs et les passions. Il se répandit ensuite en Occident ; et, avec le temps, se laissa déchoir de sa première ferveur.

Pour ne pas éteindre la mèche qui fume encore et ne pas porter la cognée à la racine de cet arbre antique dont les rameaux avaient eu un si merveilleux épanouissement, les papes, faisant la part de la faiblesse humaine et du malheur des temps, tempérèrent par des mitigations successives la règle primitive, et la rendirent ainsi plus acceptable à la faiblesse des siècles dégénérés. Mais l'œuvre d'Elie, ainsi modifiée, avait peine à se reconnaître, et n'offrait qu'une pâle image de son rigide mais glorieux passé. Il n'y avait à la vérité aucun dérèglement, aucune habitude blâmable chez les religieuses du Carmel : leur mode de conduite avait reçu la sanction du St Siège. Il n'en est pas moins vrai, cependant, que la contrainte y était moindre et que, partant, sous le régime de la libre observance il y avait moins de mérites et de garanties.

Ainsi, le monastère de l'Incarnation, une des plus somptueuses constructions d'Avila, bâti dans un site enchanteur, avec ses portiques aérés, ses frais bosquets, ses jardins spacieux, n'avait qu'une ressemblance de nom avec les roches abruptes et les sauvages cavernes des disciples du prophète Elie.

On faisait usage de chaussures à l'*Incarnation* d'Avila ; les tude Saint Dominique et les Pères Padranoz et Balthazar Alvarez de la Compagnie de Jésus. C'est ainsi que, par une secrète et admirable disposition de sa bonté, Dieu voulut associer dans la direction de la grande thaumaturge du XVIᵉ siècle les deux grandes familles de S. Dominique et de S. Ignace et en faire comme les flambeaux de l'ordre régénéré du Carmel.

Thérèse, même à l'époque qu'elle appelait l'époque de son infidélité et de sa tiédeur, était déjà favorisée des visions de l'ordre le plus élevé. Jésus-Christ se montrait à elle : « Dans le principe, disait-elle, je ne le voyais que des yeux de l'âme, mais d'une manière plus claire et plus distincte que si je l'eusse vu des yeux de mon corps ». Bientôt le Sauveur des hommes ne se contenta plus de cette manifestation intérieure, il se montra à sa servante visiblement et sous ses propres traits ; il lui parla face à face comme à ses anges. — L'erreur, avons nous dit, des directeurs peu éclairés qu'eut la Sainte, fut de s'obstiner dans leurs procédés et leur routine, et de vouloir conduire cette âme privilégiée comme les âmes ordinaires.

Le P. Padranoz et le P. Balthazar Alvarez étaient des hommes imbus des doctrines d'Ignace, leur père, habiles dans le maniement des exercices spirituels, versés dans la voie des saints ; alliant, à une science profonde de la théologie mystique, l'esprit de mesure et tous les tempéraments d'une sage direction. — Ils jugèrent de suite que les merveilles opérées dans l'âme de Thérèse étaient l'effet de l'Esprit de Dieu. Mais, *noblesse oblige*, et ils déclarèrent à la Sainte que, dans les hauteurs sublimes où le divin Maître avait daigné l'appeler, elle devait renoncer à la vie commode et facile qu'elle avait menée jusque-là, et qu'il fallait que par de rigoureuses macérations et par le brisement de ses affections et de sa volonté, elle consommât la destruction de son être naturel en s'unissant résolument à Jésus-Christ crucifié.

Le père Padranoz lui conseilla les disciplines, les ceintures de fer et lui dit nettement : « Ma fille, si Notre-Seigneur vous a en » voyé tant de maladies, c'est pour suppléer aux austérités que » vous ne pratiquez pas ». — Le Père parla juste. — L'exemple de Sᵗᵉ Thérèse doit nous apprendre combien nous nous illusionnons, hommes et femmes du monde, en nous persuadant que la pénitence détruira nos forces et nous rendra impropres aux devoirs que Dieu nous appelle à remplir. Sans doute, les austérités auxquelles se livra Sᵗᵉ Thérèse ne l'affranchirent pas des infirmités physiques, mais, en la faisant jouir de la liberté des enfants de Dieu, elles donnèrent à son âme une trempe plus vigoureuse et consolidèrent même, dans une certaine mesure, sa santé jusque-là débile et épuisée.

Le vieil homme détruit, la nature immolée, Thérèse ne rencontre plus d'obstacle ; elle a revêtu les ailes de la colombe, disposé des ascensions dans son cœur et elle monte, de vertu en vertu, jusqu'à la pleine lumière dont sont éclairés ceux qui reposent avec le Seigneur sur la montagne de Sion. *Ascensiones in corde suo disposuit ; — ibunt de virtute in virtutem, videbitur Deus in montem Sion...*

Un état aussi transcendant excède la pénétration de la raison et tous les efforts de la langue humaine. Et comment l'homme, esclave des sens, fasciné par ses affections grossières, pourrait-il suivre Thérèse planant dans des horizons inaccessibles à nos regards bornés et appesantis par les choses de la terre. Pour le monde, pour l'homme charnel, tout est incompréhensible, tout est obscurité dans les radieuses sphères où notre Sainte est transportée.

La vie de S^to Thérèse serait pour nous un livre fermé, si, par l'ordre de ses directeurs, elle ne nous en avait laissé la relation dans ses écrits. Nous avons d'elle le *Château de l'Ame*, le *Traité de l'Oraison*, la *Méthode de Perfection*, etc... Le style de la Sainte y est ferme, précis, d'une admirable clarté, mais sublime et profond et en accord avec les élévations et les transports qu'elle décrit. — Tout y est conforme aux Saintes Ecritures, et la plus rigoureuse orthodoxie n'y pourrait découvrir trace de nouveautés ou d'erreurs. — S. François de Sales ne s'est-il pas pénétré de l'esprit et des œuvres de S^to Thérèse pour écrire son *Introduction à la Vie dévote*, et son admirable *Traité de l'amour de Dieu*?

Avant de s'adresser aux parfaits, la Sainte établit solidement les éléments de la vie d'Oraison et d'union avec Dieu. Elle saisit l'âme dans ses débuts, et ne l'initie que progressivement aux voies plus élevées ; et, si ses écrits offrent une manne très nutritive aux plus avancés, les faibles et les imparfaits y trouvent aussi un lait très propre à leur croissance spirituelle.

Ainsi, selon la Sainte, dans l'Oraison, l'âme ne s'élève pas vers Dieu d'un seul bond ; le travail est ingrat d'abord ; l'âme cherche Dieu à la sueur de son front comme le jardinier qui tire péniblement des profondeurs d'une citerne l'eau dont il veut arroser ses fleurs. — Vient ensuite le second degré, celui de l'union et de l'illumination ; alors, la mémoire et l'entendement cessent d'agir, la volonté seule est en exercice : elle se livre à Dieu et se noie en quelque sorte en son immensité ; l'âme se plaint à Lui, se réjouit en Lui, se repose en Lui avec une paix, un bonheur et une familiarité sans égale : c'est l'état du laboureur qui se repose gaiement quand une douce pluie vient d'elle-même féconder ses champs.

Mais l'Oraison de Thérèse s'élève plus haut encore. Elle nous apprend que quand cette vie d'union avec Dieu est parvenue à son degré suprême d'expansion, elle a son contre-coup et réagit dans l'être humain tout entier qui en subit les merveilleux effets. Sous le poids de la lumière surnaturelle et par la véhémence de l'amour divin qui s'est emparé de toutes ses facultés, l'âme se sent défaillir et en même temps elle sent croître ses forces spirituelles et intérieures dans la même proportion. — Alors se vérifie pleinement cette parole de l'Apôtre : « Ce n'est plus moi qui vit, c'est Jésus-Christ qui vit en moi. » — L'exercice des sens et des facultés secondaires est suspendu un instant ; mais cet état n'est pas la mort, c'est la vie de l'âme dans toute sa dilatation, c'est le prélude de la vie du Ciel, c'est une première aurore de l'éternelle vision. — Dans cet état indescriptible, non seulement l'âme est enlevée, mais quelquefois le corps suit lui-même ce mouvement : ... « Lorsque je voulais résister, dit Thérèse, je sentais sous mes pieds des forces étonnantes qui me soulevaient malgré moi ; c'était un combat terrible et j'en demeurais toute brisée. »

Le bruit des grâces signalées de Thérèse ne tarda pas à se répandre dans tout Avila. Ici commence pour elle une série d'épreuves et un déchaînement des plus formidables tempêtes.

Depuis que le protestantisme s'étudiait à démolir pièce par pièce la doctrine catholique sous le marteau du *libre-examen* et de l'*inspiration-privée*, il y avait des émissaires de la secte qui s'insinuaient dans les pays catholiques et égaraient les âmes par des prophéties et des révélations mensongères qu'ils disaient émanées directement de l'esprit de Dieu. Les directeurs des consciences et les juges ecclésiastiques croyaient de leur devoir de veiller plus sévèrement, et ils étaient devenus ombrageux, à l'excès, pour tout ce qui semblait s'écarter des voies reçues et offrait la plus légère trace d'exagération ou de nouveauté.

A cette époque une religieuse franciscaine, Clarisse de Cordoue, poussée par le mauvais esprit venait de jouer le rôle de prophétesse et d'extatique. Elle aussi avait eu de prétendues extases et des transports qui excitaient l'admiration de la foule, et elle était parvenue à tromper les princes et les rois. — On comprend donc qu'à Avila non seulement les hommes du monde, peu instruits sur ces matières, mais les confesseurs eux-mêmes et les maîtres en théologie restassent hésitants et partagés dans leurs jugements sur sœur Thérèse-de-Jésus. — Quelques-uns parlaient de l'exorciser ; et si l'honneur de Dieu n'en eut souffert, Thérèse aurait affronté cette humiliation avec joie.

Ainsi, une fois, un confesseur, à qui elle s'était adressée en l'absence du P. Alvarez, lui ordonna, au nom de l'obéissance, de faire le signe de la croix chaque fois que Jésus-Christ lui apparaîtrait et de le repousser avec mépris, comme s'il eut été le démon. Thérèse avait la certitude intime que c'était réellement son bon Maître qui se montrait à elle, et nulle langue ne saurait exprimer

les angoisses qu'elle ressentit quand elle dut s'exécuter et faire à
son amour ce qu'elle estimait le plus sanglant des outrages. —
Femme admirable, elle obéit néanmoins sans hésitation, fermement convaincue que les supérieurs et les juges ecclésiastiques
sont les organes accrédités des volontés divines, et que la soumis-
sion qui leur est due prime les hommages et le respect que
Jésus-Christ lui-même paraîtrait demander en dehors des lois et
de l'ordre hiérarchique tels qu'il les a divinement institués.

Mais Jésus-Christ daigna rassurer sa servante ; il lui apparut et
lui dit : « Console-toi, ma fille, tu as bien fait d'obéir, moi, je
ferai connaître la vérité. »

Il y avait alors en Espagne un homme en grand renom de sainteté. Il allait de ville en ville la tête et les pieds nus, traînant un
corps exténué que l'on aurait dit fait d'écorce d'arbre. Il avait
établi dans la famille franciscaine une réforme qui y faisait refleurir l'esprit primitif. Les miracles qu'il semait avec profusion, sa
science des choses divines faisaient qu'on le regardait comme un
ange revêtu d'un corps mortel ou un messager de Dieu. C'était
Pierre d'Alcantara.

La grande âme de Pierre et celle de Thérèse ne tardèrent pas
à se comprendre et à se correspondre. Pierre d'Alcantara justifia
hautement la Sainte. Il l'assura que Dieu était l'auteur de ses
visions, et, qu'après les vérités de la foi, il n'y avait pas de chose
plus certaine, ni qu'elle dût croire plus fermement.

« Mais, dit la Sainte, l'âme ne croit pas à la manière des corps,
et, en cette vie, les délices de l'amour divin ne s'achètent que
par un perpétuel martyre. » — Parfois Notre-Seigneur permettait
qu'elle fût en butte aux suggestions du démon et que l'esprit
mauvais lui apparût sous les traits les plus effrayants. Une fois,
elle vit l'enfer entr'ouvert comme un gouffre béant, rempli de
ténèbres et de feu, où l'on souffre comme étouffé sous le poids
d'un énorme rocher. — Elle eut une vue claire et distincte des
tourments qu'endurent les réprouvés. En présence de ces flammes ardentes engloutissant chaque jour des âmes créées pour
voir et pour aimer Dieu, le repos lui devenait intolérable, elle se
sentait embrasée du zèle des apôtres ; elle aurait voulu se mesurer tête-à-tête avec l'hérésie, et elle s'écriait : « Quoi ! je ne mettrai
« pas tout en œuvre pour combattre le relâchement qui entraîne
« tant d'âmes, même parmi les plus privilégiées ; je ne donne-
« rai pas mille vies pour sauver un seul de ces égarés ? ».

Mais, pour conduire les âmes à Dieu, il faut que Thérèse soit
tentée en toutes choses, qu'elle expérimente toutes les infirmités,
et toutes les tribulations que, suivant son expression, aux
chauds rayons du soleil divin qui l'éclaire, succèdent les glaces
de l'hiver, les ombres de la nuit, les tortures du crucifiement ;

..... elle n'aura la vertu d'attirer tout à elle que lorsqu'elle se sera solidement attachée à la croix.

Et ici, que l'orgueil humain se taise, que l'impie arrogant et enflé de lui-même qui veut tout soumettre aux calculs de la froide raison confesse son ignorance. La merveille que je vais dire repose sur la foi des traditions les plus authentiques et l'Église l'a sanctionnée en autorisant l'ordre du Carmel à célébrer, le 27 août, ce qu'elle appelle la *transverbération de Ste Thérèse*.

Thérèse avait 44 ans et habitait encore le monastère de l'Incarnation. Un jour un beau séraphin, au visage enflammé, portant des ailes d'or, s'élance du ciel et apparaît au côté gauche de la Sainte. Il porte entre ses mains un long dard de métal d'or dont la pointe acérée ressemble au fer incandescent. — A plusieurs reprises, il l'enfonce dans le cœur de la Sainte qu'il transperce de part en part. — La douleur de Thérèse est si vive et si aigue qu'elle avoue n'en pouvoir imaginer de plus cuisante ; mais en même temps elle est comme inondée d'une suavité extrême et se sent toute remplie des flammes du divin amour.

Ce fut la consommation, les sanglantes fiançailles de notre Sainte avec son divin Époux. A défaut d'anneau, Jésus-Christ voulut cependant lui laisser un signe matériel et palpable ; il lui mit dans les mains un clou perçant comme ceux du Calvaire, et lui dit : « Ne crains pas, ma fille, personne ne peut désormais te séparer de moi... ; vois bien ce clou, c'est le gage de nos noces mystiques et de notre inséparable union. »

Désormais Thérèse ne vit plus que pour Jésus ; elle est morte à tous les désirs et à tous les attachements de la terre ; elle ne sait comment se définir elle-même. L'excès de ses célestes transports met sur ses lèvres des accents jusque-là inconnus à la langue humaine : « Je vis, s'écrie-t-elle, d'une vie si haute que je meurs de ne pas mourir ».

Et ne croyez pas qu'ainsi plongée dans le divin et le surnaturel, les facultés de notre Sainte, sa science, l'art merveilleux qu'elle possède de traiter avec les âmes aillent demeurer comme engourdis et enchaînés. Rien d'étrange, rien d'extraordinaire n'apparait au dehors. Thérèse va et vient, converse avec ses sœurs ; elle lit, elle écrit comme si jamais son attention n'avait été détournée du commerce des hommes et des choses de la terre. Ainsi en est-il dans le Ciel où les Saints qui voient Dieu face à face, voient en même temps ce qui est sur la terre : sans se distraire de leur béatitude, ils nous considèrent, entendent nos supplications et sont touchés par nos gémissements.

Du reste Dieu n'avait favorisé sœur Thérèse de si riches trésors que pour qu'elle les répandît à flots sur son Église ; Il ne l'avait élevé sur les hauts sommets de la contemplation qu'afin de donner plus d'élan à sa vie active : afin que, dans sa grande œuvre de réforme, elle put agir avec une liberté d'esprit, une autorité et un génie de discernement qui en assurerait toute l'efficacité.

Nous avons vu notre Sainte dans sa vie mystique et cachée, nous allons la voir dans son entreprise de réforme et sa vie d'Apostolat.

II. — Afin de saisir dans son ensemble l'œuvre de réforme entreprise par Sᵗᵒ Thérèse, nous la considérerons dans son objet et dans la grandeur de sa fin, dans les obstacles qu'elle suscita et qu'eut à vaincre notre Sainte, dans l'énergie et l'esprit de sagesse avec laquelle elle la conduisit, et enfin dans sa réussite et les succès qu'elle obtint.

Dans son entreprise de réforme, Thérèse se proposait un but d'Apostolat.

Pendant qu'elle vivait au monastère de l'Incarnation comblée de prévenances du Ciel, l'hérésie de Luther suivait une marche de plus en plus envahissante et le récit, qui en revenait jusqu'à elle, la navrait et glaçait son âme d'effroi. Les Pays-Bas et l'Allemagne étaient en feu ; — l'Angleterre, l'île des Saints, plongée dans les hontes du règne d'Henri VIII ; — la France, cette fille aînée de l'Église, sentait s'ébranler dans son sein l'antique foi héréditaire : « Ah ! s'écriait Thérèse, pour com-« battre ces grands fléaux, apaiser cet incendie que les forces « humaines ne peuvent éteindre, il faut une armée d'élite à « l'Église de Dieu, une armée prête à mourir et à ne se laisser vain-« cre jamais. Il faut des docteurs et des apôtres qui désabusent et « éclairent les peuples ; il faut aussi des légions de femmes, « qui s'immolent, soutiennent, comme Moïse les bataillons de « prêtres, de l'ardeur de leurs prières et de toute la force de « leurs austérités, et moi-même je serais prête, si Dieu le vou-« lait, à me jeter au milieu de la mêlée, à respirer la poussière « la plus épaisse dans le tumulte du combat, à rester s'il « le fallait, jusqu'au jour du jugement en purgatoire, pour « ramener une seule de ces âmes égarées. »

Mais que d'obstacles à la réalisation d'un si beau dessein. — d'abord, Thérèse n'était qu'une simple femme, — de plus, elle était sous la règle monastique de l'*Incarnation* dont elle était religieuse professe ; elle dépendait de la juridiction du Général des Carmes et avait ainsi les mains complètement liées. Son âge, son sexe, sa situation, ses goûts et ses aptitudes tout coopérait à la rendre inhabile à la haute mission dont Jésus-Christ voulait l'investir.

Mais, toutes les barrières humaines ne sauraient mettre un frein à la volonté divine et arrêter ce qu'elle a résolu dans ses éternels décrets. — Le 16 juillet 1560, fête de Notre-Dame du Mont-Carmel, fut le jour à jamais mémorable où Thérèse vit se lever toutes ses incertitudes, et où elle jeta le plan et les bases du grand édifice de rénovation religieuse dont les branches et les rejetons allaient s'étendre sur l'Univers entier. — Thérèse se trouvait dans sa cellule, où elle avait réuni quelques-unes de ses parentes et des amies venues du dehors. Parmi elles se trouvait une de ses jeunes nièces Marie de Ocampo, mondaine, élégante, mais pleine de vivacité et d'à-propos et dont Thérèse raillait agréablement la vanité et les parures ; ce fut celle-là qui se sentit inspirée de Dieu : « Pourquoi, s'écrie-t-elle tout à coup, pourquoi, tardons-nous ?... ayons le courage de mener une vie pauvre et solitaire, d'aller pieds nus comme les Franciscaines déchaussées et nous aurons vite fondé un couvent »…. — En entendant ces paroles, le cœur de Thérèse bondit d'allégresse et de reconnaissance. — Le lendemain, le Sauveur des hommes sanctionnne cette résolution généreuse en disant à la Sainte : « Hâte-toi, ma fille, va trouver ton confesseur déclare lui le commandement que je viens de te faire et dis-lui, de ma part, de ne pas s'y opposer, dédie ta fondation à S. Joseph, mon père temporel, il en sera le gardien et le protecteur ». — On s'adresse aussitôt au Saint Siège ; et, Pie IV, reconnaissant le doigt de Dieu dans l'inspiration de la Sainte, l'approuve par un indult en date de 1562 et dispense à Thérèse tous les pouvoirs nécessaires. — Le nouvel institut est placé sous la juridiction de Mgr Alvarez de Mendosa qui ne cessa d'honorer Thérèse et ses sœurs de l'affection la plus tendre. — Il fallait aussi gagner le général des Carmes qui se montrait hésitant, presque offensé, mais la Sainte lui représenta le péril où il mettait son âme, et il consentit enfin à se désister de ses droits et à acquiescer à la volonté de Dieu hautement ratifiée par le Pontife souverain.

Soudain surgit une agitation, tout Avila est plein de violences et de tumultes : « On eût cru, dit la Sainte à une invasion armée ou à une prise d'assaut de la ville par les Sarasins ». — Les sœurs de l'Incarnation sont les premières fautrices de l'orage ; elles ne veulent à aucun prix entendre parler de réforme. Leur amour-propre est blessé au vif : les réformer, mais c'est blâmer leur conduite passée, c'est outrager leur honneur !... Il faut donc couper court aux menées et aux intrigues de Thérèse, il faut l'incarcérer. — Avila s'émeut et prend feu pour les réfractaires : « la Sainte est traînée à la barre des magistrats, admonestée par le gouverneur de la Province, dénoncée au roi Philippe II, comme une femme dangereuse, remuante, fomentant des cabales, portant le trouble dans des maisons paisibles et jusque-là honorées de l'estime universelle. — Effrayés de cette tempête les plus chauds amis de Thérèse s'éloignent et l'abandonnent. — Le père Alvarez, indécis, propose des délais et des ajournements. — Le provincial des Carmes intime à la Sainte l'ordre de se renfermer dans son monastère et de ne plus se mêler d'affaires.

Mais l'ouragan n'eut pas de durée, il se dissipa avec le jour qui le vit naître, et Jésus-Christ ne tarda pas à se montrer à sa fille bien-aimée pour lui dire : « Aie patience et ne te trouble pas ». En effet, les persécutions ne tardèrent pas à prendre fin ; tout cédait devant l'éclat des divins rayons dont la Sainte était illuminée.

Thérèse put enfin inaugurer sa petite maison de S. Joseph d'Avila, premier berceau de l'ordre du Carmel réformé. La construction en était pauvre et simple ; l'édifice était entouré d'un petit jardin et de hautes murailles. La chapelle et les salles de réunions conventuelles manquaient d'espace. La clôture était sévère. Au parloir, un épais voile noir, doublée d'une grille armée de pointes, interdisait aux sœurs la vue des visiteurs. L'ameublement des cellules consistait en une paillasse piquée, un escabeau, une cruche de terre, et sur les murailles blanches, une croix de bois et une image de papier. C'était là une bien petite maison ; mais il y régnait une douce paix ; *parva domus magna quies*, c'était vraiment ce « paradis de délices que Jésus-Christ avait promis de venir habiter ».

Thérèse et ses compagnes se revêtirent de l'habit de la réforme ; le linge fin fut abandonné pour les tuniques de laine ; le manteau à longs plis bordé de franges, remplacé par un autre manteau blanc du drap le plus commun, sans plis ni ornements ; les pieds délicats n'eurent plus d'autres chaussures que les alpargates des indigents. Les distinctions de rang, de titre furent aussi supprimées, et suivant leur dévotion, les religieuses choisirent leur patron. Le cœur de Thérèse se tourna vers celui qui remplissait son âme, et *Dona Thérèsa de Ahumada* devint *Thérèse de Jésus*.

En compensation de ce que la nature avait à souffrir au nouveau Monastère du Carmel, Thérèse voulut que ses filles vécussent l'âme affranchie de toute contrainte et pleinement dilatée ; aussi, était-elle la plus joyeuse et la plus épanouie de toutes ; en récréation elle se livrait aux saillies de son esprit pour récréer ses sœurs, et, les jours de fêtes, elle leur composait de gracieuses poésies et de pieux cantiques où elle chantait les joies de la pénitence, les tendresses de ce Jésus qui se plait à enfermer ses chères colombes dans la prison des cloîtres pour les délivrer et les conduire par une heureuse vie, à une bienheureuse éternité....

Au Carmel, le travail était uni à la prière ; des exercices variés, se succèdant sans interruption, ôtaient toute prise à l'ennui. La Sainte payait d'exemple : quand son tour venait, elle sonnait la cloche, balayait la basse-cour, et un jour ses sœurs la surprirent à la cuisine tenant la poêle et faisant frire un poisson...

Le doux parfum de vertu, qui s'exhalait des grilles de S. Joseph d'Avila, attirait une multitude de fidèles et ne tarda pas à embaumer l'Espagne entière de son céleste arôme. — Les demandes de fondation venaient de tous les points : de grands personnages offraient leurs maisons à Thérèse et se chargeaient de tous les frais d'installation. Peu d'années s'étaient écoulées et déjà des couvents réformés surgissaient à Valladolid, à Medina del Campo, à Tolède, à Salamanque. Mais, afin que la Sainte apprit de plus en plus à se confier uniquement en Dieu et à ne pas se reposer sur les dispositions des hommes, la Providence permit souvent que ses diverses installations fussent accompagnées de vives contrariétés et de cruels mécomptes. — Ainsi à Médina del Campo, on avait dit à la Bienheureuse que la maison était pourvue de tout ; trompée par ces faux renseignements Thérèse en fixa l'inauguration pour le lendemain, fête de l'Assomption. Quand elle arriva le soir, elle constata à sa grande surprise que la maison vantée n'était qu'une masure en ruine..... Sans se déconcerter, Thérèse et ses filles mettent aussitôt la main à l'œuvre : le terrain est déblayé, les cours balayées, les murs nettoyés ; la chapelle est bientôt garnie de tentures accrochées par leurs soins... et le lendemain Médina se réveillait étonnée de posséder un Monastère sorti de terre en une seule nuit et comme par enchantement [1].

Thérèse n'avait plus de repos : engagée dans une volumineuse correspondance, obligée de pourvoir à la vie régulière et à tous les besoins des monastères naissants, courbée sous le poids

---

1. Il est un épisode intéressant des fondations de Ste Thérèse que nous tenons à citer.

Un gentilhomme appelé Dom-Bernardin, lancé dans les plaisirs du monde s'était offert à subvenir aux frais d'un monastère à Valladolid. Il mourut subitement sans avoir pu se confesser. Ma fille dit notre Seigneur à la Sainte, son salut a été en très grand danger ; mais j'ai eu pitié de lui, et je lui ai fais miséricorde, en considération du service qu'il a rendu à ma sainte Mère, quand il a donné sa maison pour y fonder un couvent. Néanmoins, il ne sortira du Purgatoire qu'à la première messe dite en ce nouveau monastère. Dès lors Thérèse n'eut plus de repos avant que l'œuvre ne fût exécutée. — Soixante lieues la séparaient de Valladolid ; on la retenait à Tolède, on la réclamait à S. Jean d'Avila, la maison destinée à Valladolid, était presque à construire ; les pouvoirs de l'Evêque se faisaient attendre. — En attendant Jésus-Christ ne cessait de dire à la Sainte. — Hâte-toi, ma fille l'âme que tu dois délivrer souffre beaucoup. Ce ne fut qu'après de longs mois, que la messe put être célébrée dans la chapelle provisoire du nouveau monastère de Valladolid. — Et au moment même, dit la Sainte, Dom-Bernardin m'apparut, les mains jointes, le visage resplendissant, et je le vis monter au ciel.

d'un vaste gouvernement ; il lui fallait en outre courir tous les chemins de l'Espagne. A cette époque, il n'y avait pas, pour les voyages, tout le confortable d'aujourd'hui : il n'y avait généralement pas de routes frayées, il fallait traverser des ravins, gravir des montagnes à dos de mulet, et plus d'une fois la Sainte se vit précipitée de sa monture. Dans la plaine, de méchants chariots tenaient lieu de nos wagons-salons : « Ces chariots, raconte Thérèse, nous servaient d'église et de couvent. Nous portions avec nous de l'eau bénite, une statue de l'Enfant-Jésus, une clochette pour sonner l'heure de l'oraison, une horloge de sable pour mesurer le temps de nos exercices... » Dès que la clochette avait tinté, tous ceux qui accompagnaient la Sainte, religieux, prêtres, domestiques, tous suspendaient leurs entretiens ; et, Thérèse ne manquait pas de récompenser leur mortification de langue par des présents ou de meilleurs repas.

Thérèse était une femme vaillante, elle se vouait à tous ces travaux, affrontait ces longs et pénibles voyages bien qu'elle fût affligée par des rhumatismes et que souvent elle se sentit prête à rendre l'âme, minée par une fièvre violente. Elle unissait la fermeté et la force de caractère à la plus exquise délicatesse de cœur, à une politesse et à une grâce parfaite. Ses lettres sont un modèle de style épistolaire. On y trouve la simplicité et l'esprit de S. François de Sales et elles sont émaillées de tours ingénieux et caustiques qu'aurait enviés Mme de Sévigné. Ainsi elle écrivait à un vieil ami, Dom François de Salcedo : « Ne pensez pas, s'il vous plaît, que ce soit temps perdu que de m'écrire, j'en ai besoin à la condition que vous ne me direz pas si souvent que vous êtes vieux..., cela me fait de la peine ; y a-t-il donc, même pour les jeunes gens quelque assurance de vie ? » — Dans son humilité profonde, Thérèse répugnait singulièrement à tout ce qui était théâtral et ressemblait à la mise en scène Un jour, par exemple, qu'elle s'était rendue à Madrid, les dames de la cour s'empressèrent de lui faire visite, espérant entendre sortir de ses lèvres des paroles inspirées et être témoins de ses élévations et de ses extases. Thérèse ne leur parla que de choses indifférentes ; elle les entretint de Madrid et de la beauté de ses monuments et de ses rues. Ces dames furent désappointées, elles se retirèrent estimant que Thérèse n'était ni une sainte ni une femme supérieure. — L'humilité de Thérèse venait de remporter un de ses plus beaux triomphes.

Mais la Bienheureuse aspirait à étendre son œuvre de régénération sur tous les enfants d'Elie. Jésus-Christ lui avait exprimé la volonté qu'elle fît revivre la discipline et la ferveur primitives chez tous les religieux du même ordre. Il fallait donc les amener à embrasser la réforme qu'elle venait de donner à ses filles. —

Elle attendait, en multipliant ses prières, que Dieu daignât poser lui-même la première pierre de cet édifice d'une construction si délicate et si laborieuse. Le Père Antoine, provincial des Carmes lui avait déjà fait des avances et des ouvertures sur ce point. Le Père Antoine était un homme d'un tempérament vigoureux, prêt à affronter les plus rudes travaux, mais manquant de mesure et poussant parfois les choses aux extrêmes. — Un jour, Thérèse vit venir à elle un religieux plus jeune d'une beauté angélique mais frêle et délicat : C'était le Père Jean, plus tard célèbre sous le nom de Jean de la Croix. Il avait embrassé la régle du Carmel mitigé, il menait la vie érémitique, il s'était fait réserver la cellule la plus incommode, il y vivait en compagnie de son crucifix et de ses livres... Cependant, altéré de renoncements et de souffrances, il aspirait à une vie plus parfaite encore, et, comme Thérèse, il avait pour devise *aut pati aut mori*, ou souffrir ou mourir.

A peine Jean-de-la-Croix et la Sainte se sont-ils rencontrés que leurs cœurs battent à l'unisson : Thérèse reçoit le Père Jean pour son fils adoptif et le couvre de toutes ses tendresses de mère; ravie de sa sagesse, de sa gravité, de son recueillement, elle l'appelait son *Sénèque et son petit vieillard*. — Comme il était petit de taille et le père Antoine de haute stature, elle disait agréablement qu'au moment d'établir la réforme des Carmes elle n'avait qu'un *religieux et demi*, mais son religieux et demi était une légion et valait à lui seul toute une province.

Il nous parait étrange qu'une femme se soit arrogée la mission de s'instituer maitresse des novices et d'initier elle-même un religieux prêtre, aux pratiques et à la discipline monastique en le faisant passer par toutes les étapes d'une rude et sévère probation !... Il en devait être ainsi. — Thérèse seule possédait l'esprit vrai du Carmel, elle seule pouvait l'inoculer à ses fils spirituels : « Le Père Jean, disait-elle, était si saint que je pouvais apprendre beaucoup plus de lui que lui de moi, mais ce n'était point pour l'heure ce que j'avais à faire, je ne songeais qu'à l'instruire du genre de vie de nos sœurs ». — Au témoignage de Jean de la Croix, Thérèse était une âme vraiment virile : « C'est un homme, disait-il, et un des plus hommes que j'aie vus. » Dans le travail de formation que la St° faisait subir à son novice ; elle procédait avec vigueur et sans ménagement : Pour l'éprouver, dit-elle, je feignais quelquefois de me fâcher contre lui, à la moindre de ses imperfections.

A partir de ce jour, l'Ordre réformé des Religieux du Carmel était fondé; Thérèse en avait conçu le plan dans les clartés de la lumière prophétique et l'avait exécuté avec l'aide de Jean de la Croix, *Joanne adjutore*, comme dit l'Eglise. Ce fut lui qui prit possession du premier monastère que la Ste avait fait construire à Duévello. Le premier il apparut dans cette ville avec son costume étrange, modelé sur celui des filles de Thérèse et consistant dans l'absence de chaussure, en une robe et un scapulaire de serge grossière, le tout recouvert d'un manteau blanc étroit et court descendant au niveau de la ceinture.

Thérèse avait compris le profit et les avantages de cette œuvre. Que d'actions de grâces disait-elle ne dois-je pas rendre à Dieu, car c'est une faveur bien plus grande que celle de fonder des monastères de religieuses. Thérèse a trouvé des légions de fils qui seront ses porte-voix, et à l'aide desquels elle transmettra son esprit et exercera son apostolat sur tous les espaces et jusqu'à la fin des temps.

L'oraison est la nourriture du religieux, comme le silence est sa force, comme la pénitence est son amour. L'âme contemplative, le cœur brûlant d'amour, le zèle et la sainte soif du sacrifice dont était animée Thérèse, se retrouve sous son froc austère comme sous l'humble voile des sœurs. Déja nous le voyons se répandre dans les villes et dans les hameaux, il marche pieds nus sur les chemins raboteux ou sur la glace et là neige, sa journée se passe à prêcher et à confesser, il ne rentre que le soir au couvent prendre son frugal repas ; la nuit ramène ensuite le Saint Office ; le matin, l'oraison, après laquelle les courses apostoliques recommencent...

Des prêtres de haut mérite, des seigneurs de grande distinction embrassèrent le nouvel institut. Du vivant de la Sainte les établissements se multiplièrent dans toute l'Espagne. L'ordre naissant eut à lutter contre des épreuves et des oppositions capables de le déraciner mille fois, mais la base de foi et d'esprit surnaturel donné par la Sainte était inébranlable et le doigt de Dieu reposait à son sommet.

Ah! Thérèse, peut se consoler de n'être qu'une pauvre femme, incapable d'annoncer la vérité aux hommes. Elle devient mère de toute une génération qui prêchera Jésus-Christ d'âge en âge. Et c'est pourquoi fils et filles du Carmel, la reconnaissent comme leur vraie fondatrice, et font remonter vers elle leurs succès et leurs gloires.

On était en l'année 1582. Thérèse, brisée de fatigue, épuisée par la maladie continuait encore ses courses et ses travaux de fondation. Elle ne songeait point à rentrer à S. Joseph d'Avila, mais elle dut céder aux instances du Père Antoine, provincial des Carmes qui l'entraîna à Albe où devait être le lieu de son repos.

— Thérèse se sentait mourir ; mais dominant par la force de son âme les défaillances de la nature, elle voulut suivre les exercices conventuels et profiter de ses derniers jours pour adresser à ses sœurs ses recommandations finales. Quand elle ne put plus se soutenir, elle se fit transférer dans une cellule de l'infirmerie attenante à l'église, d'où son regard pénétrait jusqu'au sanctuaire et dont une fenêtre grillée laissait venir jusqu'à elle un rayon de la lampe du Saint Sacrement. — C'était pour elle une grande consolation de se sentir dans le voisinage du bon Dieu, et d'unir les angoisses de sa dernière heure aux immolations de l'Agneau sans tache.

Le 3 octobre les religieuses perdirent tout espoir. La Sainte, dans un suprême effort, se soulevant sur son chevet, put encore s'écrier : « Je suis fille de l'Eglise, je meurs fille de l'Eglise. »

A sept heures du matin, le 4 octobre, commença son agonie ou plutôt son extase. Absorbée dans une contemplation profonde, les yeux fixés au ciel, sans gémissement, sans contraction, elle semblait reposer dans les bras du Seigneur. Une lumière toujours grandissante environnait son visage et se reflétait sur celui de sœur Anne qui soutenait sa tête ; un inexprimable sourire errait sur ses lèvres, mais par moment, ce sourire s'accentuait et ses traits exprimaient une émotion plus vive, un ravissement plus profond, comme si le Seigneur lui eut dévoilé quelque nouveau mystère. — A neuf heures de la nuit elle fit entendre trois légers soupirs et le dernier emporta son âme dans le sein de Dieu, moins sous l'étreinte de la mort, que par un élan impétueux de son brûlant amour : « O Thérèse, m'écrierai-je avec l'Eglise, vous quittiez autrefois la demeure paternelle pour aller mourir au pays des Maures, et voici qu'au lieu du cimeterre de l'Infidèle c'est un trait de l'amour divin qui vient trancher le fil de vos jours ! [1] »

S. Pierre d'Alcantara s'écriait en mourant ; « Heureuse pénitence qui m'a mérité d'entrer immédiatement dans le royaume de la gloire ! » — Ste Thérèse eut le même bonheur, de la prison de son corps, elle passa immédiatement au séjour de l'éternel bonheur [2]. Deux de ses sœurs agenouillées près de son lit de mort, dont l'une était sa nièce, celle qu'elle appelait sa petite Thérésita entendirent de ravissants concerts et virent l'âme de la Sainte s'élever vers le ciel, l'une de ces sœurs la vit sous la forme d'une colombe, l'autre sous celle d'un globe resplendissant.

Sœur Anne de S. Barthélemi déposa sous la foi du serment

1. Sainte Thérèse mourut le Jeudi 4 octobre à 9 heures du soir. Cette mort coïncide avec la réforme grégorienne du calendrier. Les 10 jours qui suivirent le 4 octobre furent supprimés cette année, en sorte qu'on peut dire que Sainte Thérèse morte le 4 octobre fut ensevelie le lendemain, 15 du même mois.

2. Le Carmel est l'ordre le plus ancien de l'Eglise : « *Decor Carmeli et Saron ipsi videbunt gloriam Dei.* » (Isaïe, 35, 2.) Le Patriarche de Jérusalem Albert leur donna des règles écrites en 1205. — Ils reçurent d'Eugène IV des adoucissements à leur primitive observance.

qu'elle avait vu la Ste Vierge suivie de S. Joseph venir à la rencontre de Thérèse. — Mère Catherine-de-Jésus déposa que la Sainte lui était également apparue dans une très grande gloire et lui avait déclaré que sa prison charnelle s'était écroulée sous la violence de l'amour divin.

Un parfum suave et pénétrant, semblant tenir du jasmin, du lis, de la violette, s'exhalait de sa dépouille mortelle que les religieuses avaient pieusement exposée. Ses membres étaient restés souples et flexibles ; son front, bruni par les fatigues et les ardeurs du soleil avait pris une teinte d'albâtre ; les rides de la vieillesse avaient disparu, et ses lèvres, à demi-souriantes semblaient chanter avec son âme les joies et les délices de l'Eternité.

En finissant, oublions un instant la sépulture triomphale de notre Sainte, les miracles et les grâces insignes qui la signalèrent, pour nous recueillir dans le sentiment de nos tristesses présentes, pour nous réjouir des présages de retour et aussi des espérances de résurrection qui nous sont données, à cette époque du centenaire de la Canonisation de Thérèse, par les honneurs que lui rend l'univers entier.

Aujourd'hui, ceux qui tiennent les rênes des pouvoirs publics semblent impuissants à conduire les peuples vers leurs hautes destinées. — Dieu, dans ses conseils impénétrables, nous enlève un à un les instruments de salut sur lesquels nous avions ce semble, le droit de compter. — Comme l'île d'Ischia, comme celle de la baie de Sumatra, l'Europe dort sur un volcan dont les sourds grondements nous font présager une prochaine et sinistre explosion. Et, c'est en vain que, pour éloigner la catastrophe, l'esprit humain s'agite.... ses efforts demeurent impuissants.

Thérèse semblait avoir pronostiqué le triste état du monde présent quand elle s'écriait : « La chrétienté est en feu ; on voudrait condamner de nouveau le Sauveur ; — il est honni et persécuté dans la personne de son vicaire ; on porte contre lui mille faux-témoignages... » — N'oublions par combien Thérèse aimait la France ; son cœur et sa confiance se reposaient sur la grande patrie de S. Louis. — En 1604, moins de 20 ans après la mort de la fondatrice, un Carmel était érigé à Paris grâce à la courageuse initiative du P. de Bérulle et de Mme Accarie. Thérèse elle-même avait daigné leur apparaître et les avait encouragés en disant : « Je soutiendrai les nouvelles fondations ; et, pour leur montrer combien j'y tiens, j'y entrerai moi-même comme sœur converse ». — En outre St Michel, le patron de la nation française, était aussi apparu aux deux mêmes personnages pour leur dire, comme la Sainte : « Courage ! courage ! »

Le Carmel réformé fut un des remparts de la catholicité contre le protestantisme. Il a enrayé le flot de l'erreur et le torrent des passions déchaînées ; il a jeté les germes des institutions de charité auxquelles les Vincent-de-Paul et les François-de-Sales ont concouru ; — il a imprimé un grand essor à la civilisation et aux splendeurs chrétiennes du siècle de Louis XIV : tout celà parce qu'il avait écrit sur son étendard cette devise éternellement féconde : PÉNITENCE ET PRIÈRE ! — *Pénitence et Prière*, voilà les deux armes dont tous les fidèles, sans distinction de condition et de sexe peuvent et doivent se servir, les deux seuls et infaillibles moyens d'enchaîner la colère du Ciel prête à fondre sur notre terre coupable.

La foi est menacée ; l'Eglise pleure ; le christianisme est à la veille, peut-être, de sombrer en Europe par suite de l'aveugle obstination d'une multitude d'hommes dont l'esprit est faussé par un libéralisme menteur et l'oreille sourde à tous les avertissements : *Pénitence et Prière !*

Un atome de bien, a dit un pieux auteur, a plus d'efficacité qu'un océan de prévarication. — Une carmélite à genoux dans sa cellule solitaire a plus de puissance pour le bien que n'en possèdent tous les calculs d'une vaine politique aidés de tous nos foudres et de tous nos engins de guerre : *Pénitence et Prière !*

O Thérèse ! ô céleste amante de Jésus ! maintenant que vous êtes au sein du Dieu-Charité ; maintenant que vous êtes devenue toute puissante sur son cœur, montrez-vous sensible à nos supplications et à nos larmes ! Donnez à nos âmes défaillantes et pusillanimes quelque chose de votre fermeté et de votre trempe virile. — Transpercez nos cœurs de glace des flammes du divin amour ; inspirez-nous une tendre dévotion pour S. Joseph ! — Dotez l'Eglise et spécialement notre pauvre France de prêtres selon le cœur de Dieu, de religieux et de religieuses qui sachent s'offrir en victimes d'expiation pour les crimes de ce siècle dépravé ! — Alors ce sera le salut et la victoire... Alors ce sera pour l'humanité une ère nouvelle et sur la charte de l'avenir seront écrits ces trois mots seuls garants de toute grandeur sociale : *Jésus-Christ roi ; — le Pape guide et pasteur des peuples ; — l'Evangile code glorieux des nations affranchies.* — Et alors le genre humain libre de ses vices et de ses erreurs marchera dans la paix et dans la voie des divins commandements, gage assuré de cette vie que nous attendons, où, en votre société et en la société de tous les Saints, nous chanterons à jamais l'hosanna de l'Eternel Bonheur.

Marseille. — Imprimerie S. Thomas d'Aquin, place Sébastopol, 11.

IMPRIMERIE & LIBRAIRIE S.-THOMAS D'AQUIN

J. MINGARDON, DIRECTEUR

11, PLACE SÉBASTOPOL, 11

A MARSEILLE

LES

ORATEURS SACRÉS

CONTEMPORAINS

CHOIX

DE CONFÉRENCES, SERMONS, HOMÉLIES,
PANÉGYRIQUES, INSTRUCTIONS,
RETRAITES, DISCOURS DE CIRCONSTANCE, ETC.

PRONONCÉS

Par les plus remarquables Orateurs de notre époque,
tant du Clergé régulier que du Clergé séculier

PUBLIÉ SOUS LA DIRECTION DE

Monseigneur RICARD

Prélat de la maison de Sa Sainteté,
Professeur de théologie dogmatique aux Facultés d'Aix et de Marseille

---

Un illustre Evêque, ancien professeur d'éloquence sacrée, en honorant notre publication précédente de ses précieuses communications, voulait bien nous prémunir contre un danger et contre une objection dont il nous recommandait de tenir grand compte.

Les recueils de sermons tout faits, nous disait-il, favorisent la paresse et exposent à la tentation de négliger le travail personnel, qui seul permet à l'orateur de se mettre en communication directe et intime avec tel auditoire déterminé.

Nous nous sommes préoccupé de cette grave remarque, et, pour le dire en un seul mot, elle renferme tout le secret de notre nouvelle entreprise.

En publiant les Orateurs sacrés contemporains, sans parquer leurs œuvres dans des séries déterminées sous le titre d'Homélies, Retraites, Stations, etc., mais à la suite les unes des autres par ordre chronologique, bien plus que par ordre de matières, nous avons voulu principalement offrir au Clergé des modèles que les jeunes prédicateurs pourront imiter et non copier, en se rendant compte des procédés de composition et des convenances oratoires employés par chacun de ces modèles selon la diversité des auditoires auxquels ils se sont adressés.

L'imitation, recommandée par tous les rhéteurs, est une source féconde d'inspirations personnelles et un guide sûr dans l'art de parler comme dans l'art d'écrire.

A ce titre, nous osons espérer que NN. SS. les Evêques, MM. les supérieurs des Séminaires, MM. les Curés, Aumôniers, Vicaires, etc., feront bon accueil à notre œuvre qui, placée sous la direction d'un Prélat justement connu et apprécié pour ses œuvres littéraires et ses précédentes publications, offrira, avec le concours de tous les Orateurs sacrés qui nous ont assuré de leurs sympathies, toutes les garanties désirables.

De notre part, nous n'avons rien négligé pour les réunir dans cette entreprise ; au Clergé maintenant d'en assurer le succès.

Cette publication formera, chaque année, environ deux beaux et forts volumes, d'au moins 600 pages chacun, in-8° raisin. Il n'y sera admis que des discours nouveaux, inédits et d'un mérite reconnu. Toute pièce d'une valeur contestable sera soigneusement écartée du recueil.

Les discours qui ont déjà paru dans l'ENCYCLOPÉDIE DE LA PRÉDICATION CONTEMPORAINE ne seront pas reproduits dans les ORATEURS SACRÉS ; de sorte que cette nouvelle publication sera une suite de l'autre et ne fera pas double emploi.

Le prix des volumes, imprimés en caractères entièrement neufs, sur papier fort, satiné et teinté, est fixé à 8 fr., rendus franco à la gare qui nous sera désignée.

Il sera accordé de très grandes facilités pour le paiement.

TABLE DES DISCOURS PUBLIÉS
ou en cours de publication

Le Règne de Dieu dans les sociétés actuelles, **conférences** *par M. l'abbé Arminjon, ch. hon., missionnaire apostolique, ancien professeur d'histoire et d'éloquence sacrée au grand séminaire de Chambéry.*
Le Règne de Dieu dans l'homme. — Le Règne de Dieu dans la famille. — Le Mariage chrétien. — L'Eglise, idéal et principe du règne de Dieu.— Règne de Dieu sur les sociétés civiles. — Triomphe et avènement du Règne de Dieu. — Le Règne de Dieu sur la France. — Le Sacré-Cœur, présage du règne de Dieu. — La Sainte Vierge, messagère du Règne de Dieu. — S. Joseph, protecteur du Règne de Dieu. — Discours pour la fête de S. François de Sales. — Panégyrique de Ste Thérèse de Jésus (*inédit*). — Panégyrique de S. Benoît Labre. — Panégyrique de S. Louis de Gonzague (*inédit*). — Panégyrique de S. Vincent de Paul. — Panégyrique du vénérable Vianney, curé d'Ars. — Panégyrique de S. Maurice (*inédit*). — Panégyrique de S. Laurent de Brindes. — Discours sur la Paroisse.

Retraite à des jeunes filles sur le caractère, (*inédite*) *par M. l'abbé Constant d'Ollioules, missionnaire apostolique.*
Réforme du caractère. — Caractère opiniâtre, faible. — Caractère léger, inconstant, susceptible. — Caractère irascible, mou, indécis. — Caractère égoïste, dur. — Caractère hypocrite, jaloux, haineux. — Sacrement de pénitence, grâce de lumière et de force. — Sacrement de Pénitence, grâce de transformation. — Le Repentir. — Satisfaction. — Pensée de l'Eternité. — Pureté d'intention. — Etat de grâce.

Mois de Marie (*inédit*) *par M. l'abbé Constant d'Ollioules, missionnaire apostolique.*
Ce mois sera le premier des mois de l'année. — Marie dans la pensée de Dieu ; *J'étais préordonnée de toute éternité.* — Marie prédite et figurée ; *Tout leur avait été annoncé par des figures.* — L'Immaculée-Conception ; *Vous êtes toute belle et il n'y a point de tache en vous.* — La Nativité ; *Que ser acet enfant ?* — Nom de Marie ; *Et la Vierge s'appelait Marie.* — La Présentation de la Sainte Vierge au temple ; *Mon bien-aimé est à moi et je suis à lui.* — Marie dans le temple ; *Je l'ai servi dans sa demeure sainte.* — Marie à Nazareth, *Sors de ta maison et viens dans la terre que je te montrerai.* — Annonciation ; *Marie de laquelle* est né Jésus. — L'Annonciation ; *Voici la servante du Seigneur.* — La Visitation ; *Marie s'en alla en toute hâte vers les montagnes.* — Le Magnificat ; *Mon âme glorifie le Seigneur.* — Voyage à Bethléem ; *Il n'y avait point de place pour eux dans les hôtelleries.* — La naissance de Notre-Seigneur ; *Elle enveloppe de langes son nouveau-né et le dépose dans la crèche.* — Les Bergers et les Rois à l'étable ; *Marie conservait toutes ces paroles, et les enfermait dans son cœur.* — La Purification ; *Le temps de la Purification de Marie étant accompli, selon la loi de Moïse, ils portèrent l'enfant à Jérusalem.* — La Présentation de Jésus au temple ; *Ils portèrent l'enfant à Jérusalem pour être présenté au Seigneur.* — La Prophétie de Siméon ; *Mes yeux ont contemplé le Sauveur.* — Le glaive de Siméon ; *Votre âme sera transpercée d'un glaive.* — Fuite en Egypte ; *Lève-toi ; prends la mère et l'enfant et fuis en Egypte.* — Marie à Nazareth ; *Joseph prit la mère et l'enfant et revint dans la terre d'Israël.* — Jésus perdu et retrouvé ; *Les parents de Jésus allaient tous les ans à Jérusalem, lors de la fête de Pâques.* — Le miracle de Cana ; *Il se fit des noces à Cana en Galilée, et la mère de Jésus y était.* — Marie pendant la vie publique de Jésus-Christ ; *Toute la gloire de cette fille du roi vient de la beauté de son intérieur.* — Marie pendant la vie publique de Jésus-Christ ; ses joies et ses douleurs ; *Avec les parfums j'ai recueilli la myrrhe.* — Marie au pied de la Croix ; *La mère de Jésus était au pied de la Croix.* — Marie au pied de la Croix ; *Tu enfanteras dans la douleur.* — Marie et son culte dans l'Eglise ; *Le Disciple la reçut pour sa mère.* — Marie à la Résurrection ; *Nos consolations ont égalé la multitude de mes douleurs.* — Marie à l'Ascension ; *Je suis la mère de la sainte Espérance.* — Marie au Cénacle ; *Réunis dans le Cénacle avec la mère de Jésus, les Apôtres et les disciples persévéraient dans la prière.* — L'Assomption ; *Marie a été élevée dans le ciel.*

Retraite sur les fins dernières (*inédite*) *par M. l'abbé Constant d'Ollioules, missionnaire apostolique.*
Parabole du semeur. — La mort ; *Ne craignez pas les leçons de la mort.* — Le jugement ; *Il faut que nous paraissions tous devant le tribunal de Jésus-Christ.* — Dogme de l'Enfer. — Peines de l'Enfer. — Le Dimanche. — La miséricorde.

Avant la première Communion : *le grand jour.*— Après la Communion ; *donne-moi ton cœur.* — La Présence réelle : *Vos pères ont mangé la manne dans le désert ; mais le pain que je donnerai, ce sera ma chair, livrée pour la vie du monde.*— La Présence réelle : *Ma chair est véritablement une nourriture, et mon sang est véritablement un breuvage.* — La Présence réelle ; *Comment celui-ci peut-il nous donner sa chair à manger ?* — Panégyrique de S. Honoré.— Panégyrique de S. Jean-Baptiste. — La douleur et les consolations *(inédit)* par le P. Lavigne. — Discours sur Sainte Térèse. — Dieu dans l'École. — Cause de l'aveuglement des âmes, — Paraphrase de l'antienne : *Sancta Maria.* — L'œuvre apostolique. — Panégyrique de Sainte Marthe. — Panégyrique de Sainte Ursule. — L'œuvre de la Propagation de la Foi. — La Régénération du monde par la prédication des Apôtres.—Sur la défense des intérêts catholiques.—L'œuvre des campagnes. — Sermon de charité. — Le Mariage chrétien (P. Didon). — La Franc-maçonnerie. — Les enterrements civils. — La voix de la cloche. — Les morts dans le monde ; les morts dans l'Eglise. —Panégyrique de S. Martial *(inédit).* — Rénovation des vœux du baptême *(inédit).* — Indulgence de la Portioncule *(inédit).* — Pour une offrande de fleurs à la clôture du mois de Marie *(inédit).* — Panégyrique de S. Ignace de Loyola. — Panégyrique du B. P. Fourier. — Panégyrique de Sainte Barbe. — Panégyrique de S. Agricol. — Les Saints Anges *(inédit)* — Panégyrique de S. Flour, S. Genès et S. Fulcran. — Panégyrique de S. Martin. — Panégyrique de S. Bernard.

Les Évangiles de l'année liturgique ; homélies selon la méthode des Pères, d'après Ludolphe le Chartreux (52 homélies), *par Mgr Ricard*

Autres Homélies *par M. l'abbé Constant d'Ollioules* (inédites).

Les trois Evénements de J.-C. — Jésus-Christ apporte au monde la lumière et la vie. — Parole de Dieu. — Aveuglement de l'âme. — Le Bon Pasteur. — La Barque et l'Eglise. — Le Temple. — La Providence. — Résurrection de l'âme.—Simplicité de la foi. — Rendez à Dieu ce qui est à Dieu. — Le critique. — Le Sacrement de Pénitence. — L'Ivraie et le mauvais exemple.

Le Prêtre représenté comme l'homme de Dieu qu'il faut respecter, comme le Docteur du peuple qu'il faut écouter et comme le Pasteur des âmes qu'il faut suivre et aimer, (inédit) *par M. l'abbé Brémond, chanoine honoraire.*

Le vice, opposé à la belle vertu, sur l'impureté, considérée comme crime odieux et comme abomination (inédit), *par le même.*

Discours sur la famille *par M. l'abbé Constant d'Ollioules* (inédits).

L'Enfant. — L'Enfant et l'Education. — L'Enfant et la Correction. — L'Enfant et le Respect. — L'Enfant et l'Obéissance. — L'Enfant et le bon exemple.

Discours aux conférences de S. Vincent de Paul : *diverses formes de l'apostolat* (inédit), *par M. l'abbé Constant, d'Ollioules.*— Discours de charité adressé à la société de S. Vincent de Paul, (inédit) *par le même.*— Discours aux mères chrétiennes le jour de S. François de Sales ; *trois sortes d'apostolat* (inédit) *par le même* — Panégyrique de S. Louis de Brignoles, évêque de Toulouse (inédit) *par le même.* — Discours sur la Portioncule (inédit), *par le même.* — Discours sur la grandeur des Saints (inédit) *par le même.* — Allocutions prononcées à l'occasion de la célébration de mariages, par Mgr Ricard, etc.

Sermons, discours, conférences, etc., prononcés pendant le Carême 1884, par les principaux prédicateurs de la dernière station quadragésimale.

Nous publierons également plusieurs œuvres oratoires récentes de Mgr Besson, Mgr Perraud, Mgr Mermillod, R. P. Didon, etc.

LES FLEURS D'OR

MOSAIQUE DE CONSEILS, LÉGENDES, TRAITS ÉDIFIANTS,

PENSÉES PIEUSES, VERTUS CHRÉTIENNES, PROVERBES, ANECDOTES CHRÉTIENNES,

GRAINS DE BON SENS, PETITES FLEURS, MAXIMES, ETC., ETC.

1 joli volume in-16 de 450 pages, imprimé en caractères elzéviriens.

Prix : *Broché*.. *3 fr.*

Demi-Reliure en chagrin doré sur tranche.............. *5 fr. 50*

Relié en basane gaufrée.......................... *3 fr. 75*

Ce charmant volume, véritable écrin des personnes pieuses, sera accueilli avec reconnaissance par le clergé et les communautés religieuses.

Il sera aussi d'une très grande utilité aux Prédicateurs et aux Catéchistes qui y trouveront des traits édifiants propres à frapper l'imagination de leur auditoire.

C'est une mosaïque où chacun peut reconnaître sa pierre, selon qu'il l'a polie.

Ce livre vient à son heure. Dans ces jours de lutte et de combat, tous les vrais catholiques ont à défendre les uns après les autres chacun des dogmes de notre foi et chacun des préceptes de notre divine morale. Or, quels plus nobles exemples peuvent être placés sous leurs yeux pour les encourager à demeurer fermes dans leurs convictions religieuses et dans la pratique des enseignements de notre divin Maître, qui a promis d'être avec eux jusqu'à la consommation des siècles? En lisant ces pages, tous se rappelleront la parole de S. Augustin : *Non potero quod isti et istæ?* et concluront avec S. Paul : *Sic state in Domino, Carissimi !*

IMPRIMERIE ET LIBRAIRIE S. THOMAS D'AQUIN

SOUS PRESSE

CATÉCHISME
DU CONCILE DE TRENTE

TRADUCTION ET TEXTE LATIN
AVEC LE COMMENTAIRE

Du R. P. J. BELLARINO

SOUS LE TITRE DE

DOCTRINA

SACRI CONCILII TRIDENTINI

ET CATECHISMI ROMANI
DE COMPLETA SUMMA S. EVANGELII

ID EST

DE SYMBOLO, DE SACRAMENTIS, DE DECALOGO,
DE ORATIONE DOMINICALI ET DE MORUM REFORMATIONE;
FIDELITER COLLECTA, DISTINCTA, ORDINATA ET, UBI OPUS FUIT, EXPLICATA

4 vol. in-8., papier satiné et teinté Prix : *24 fr.*, net.... *20 fr.*

Franco à la gare qui nous sera désignée................ *21 fr.*

« Le Catéchisme du Concile de Trente, écrivait le cardinal Valère, est véritablement un don que Dieu nous a fait, pour rétablir la discipline de l'Église et pour
soutenir la république chrétienne... Ce n'est point un homme qui semble y avoir
tenu la plume, c'est l'Église même, notre sainte mère, guidée et inspirée par le
Saint-Esprit, qui y parle et qui nous y instruit. »

Le Catéchisme du Concile de Trente est un abrégé de toute la Théologie dogmatique et morale. On y trouve tout ce qui peut être utile ou nécessaire d'expliquer
au peuple, de la doctrine chrétienne ; et il peut également servir pour préparer les
catéchismes et les prônes.

Les souverains Pontifes font à tous les curés une obligation de prendre le catéchisme du Concile de Trente comme objet des enseignements qu'ils donnent aux
peuples.

Mais ce livre, pour être parfaitement compris, demande un travail suivi et qui
n'est pas sans difficulté. Le P. Bellarino, auteur de grand mérite, a facilité ce travail en donnant un commentaire suivi et complet de ce catéchisme. Son ouvrage
est un véritable chef-d'œuvre de méthode, de clarté et de précision qui surpasse
de beaucoup en mérite tous les ouvrages de ce genre parus jusqu'à ce jour.

Cette édition contiendra, en notes marginales, les citations de l'Écriture Sainte.

OUVRAGES DU MÊME AUTEUR

Le Règne de Dieu dans les sociétés actuelles, conférences prêchées à la Cathédrale de Chambéry, 2me Édition, 1 vol.

Recueil de Panégyriques, comprenant les Panégyriques de Sainte Thérèse de Jésus ; de S. François de Sales ; de S. Maurice ; du Curé d'Ars ; de S. Laurent de Brindes ; de Sainte Agathe ; de S. Benoît Joseph Labre ; de S. Louis de Gonzague ; de S. Vincent de Paul ; 1 vol.

Fin du Monde présent et Mystères de la vie future, 1 vol.

La Paroisse, Discours, 2me Édition.